BEI GRIN MACHT SICH IHR
WISSEN BEZAHLT

- Wir veröffentlichen Ihre Hausarbeit,
  Bachelor- und Masterarbeit

- Ihr eigenes eBook und Buch -
  weltweit in allen wichtigen Shops

- Verdienen Sie an jedem Verkauf

Jetzt bei www.GRIN.com hochladen und kostenlos publizieren

Bibliografische Information der Deutschen Nationalbibliothek:

Die Deutsche Bibliothek verzeichnet diese Publikation in der Deutschen National-bibliografie; detaillierte bibliografische Daten sind im Internet über http://dnb.d-nb.de/ abrufbar.

Impressum:

Copyright © 2019 GRIN Verlag
Druck und Bindung: Books on Demand GmbH, Norderstedt Germany
ISBN: 9783346092182

Anonym

Der Einfluss von Emotionen auf das Käuferverhalten

GRIN Verlag

GRIN - Your knowledge has value

Der GRIN Verlag publiziert seit 1998 wissenschaftliche Arbeiten von Studenten, Hochschullehrern und anderen Akademikern als eBook und gedrucktes Buch. Die Verlagswebsite www.grin.com ist die ideale Plattform zur Veröffentlichung von Hausarbeiten, Abschlussarbeiten, wissenschaftlichen Aufsätzen, Dissertationen und Fachbüchern.

Besuchen Sie uns im Internet:

http://www.grin.com/

http://www.facebook.com/grincom

http://www.twitter.com/grin_com

<u>Hausarbeit zum Thema:</u>

Der Einfluss der Emotionen auf das Käuferverhalten

Fach: Vertriebsmanagement

Fachsemester: 4

Studiengang: Business Administration Bachelor

Abgabe: 14.08.2019

INHALT

1. EINLEITUNG

Im heutigen Zeitalter der zunehmenden Digitalisierung und vor allem im Social Media werden die Menschen tagtäglich mit massenweiser Werbung und Produktvorstellungen konfrontiert.

„Aufgrund der begrenzten menschlichen Informationsverarbeitung bewirkt dies eine Informationsüberlastung, wodurch sich bemerkbar macht, dass Konsumenten nur einen Bruchteil an Informationen aufnehmen und verarbeiten können."

Die Auswahl an Produkten heutzutage ist unaufhaltsam. Wer in der Masse hervorheben möchte, muss die Bedürfnisse und Schwächen seiner Zielgruppe kennen und visuell schmackhaft machen.[1]

Betrachtet man die Social Media Welt, wie beispielsweise „Instagram oder Facebook", so wird man unaufhaltsam mit Produkten konfrontiert, die alles leichter machen sollen oder gar einen anderen Stellenwert in der Gesellschaft versprechen.

Frauen zeigen wie sie innerhalb kürzester Zeit ihren Traumkörper mit Hilfe von Shakes erreicht haben. Männer bekommen Shampoos vorgestellt, die ihre magere Haarpracht innerhalb kürzester Zeit zum maximalen Wachstum verhelfen sollen. Kinder stehen bei einem der größten Fast- Food-Ketten, wie beispielsweise McDonalds, an der Kasse und müssen unbedingt das Spielzeug zum Happy Meal ergattern.

---

[1] Vgl. Ahlert (2007), S. 1 f., zitiert nach Rutenberg (2004), S.22 und Becker (2001) S. 14 f.

Doch inwieweit beeinflussen Emotionen das Kaufverhalten eines Konsumenten? Dies soll in der folgenden Arbeit analysiert werden.

Ziel dieser wissenschaftlichen Arbeit ist es, heraus zu kristallisieren, wie Emotionen das Käuferverhalten beeinflussen. Zunächst werden die Grundlagen und Arten der Emotionen erläutert, sowie der Bewusstseinsgrad von Emotionen vorgeführt. Der Kern dieser Arbeit befasst sich mit den Emotionen in verschiedenen Käufersituationen wie Sale-Shopping, Online-Shopping und Shopping für Kinder.

Auch werden sogenannte FCMG behandelt. Die Arbeit wird mit einem Fazit abgerundet.

1.1 GRUNDLAGEN UND DEFINITIONEN

Als Emotion bezeichnet man einen Gefühlszustand, dass aufgrund einer Situation, eines Objektes oder eines Reizes ausgelöst wird.[2]

Werden Emotionen aktiviert, so wird der menschliche Organismus leistungsfähig für die Aufnahme von Informationen vorbereitet. Man unterscheidet bei diesen Aktivierungsmechanismen zwischen zwei Gruppen von Reizen. Die Äußeren Reize, wie beispielsweise emotionale und physische Reize, so wie die innerlichen Reize, wie gedankliche Reize, die man durch Wahrnehmung und Denken registriert.

Emotionen können somit angenehm und unangenehme Auswirkungen auslösen.[3]

---

[2] https://de.wikipedia.org/wiki/Emotion

[3] Vgl. Foscht/Swoboda/Schramm-Klein (2015), S. 37

1.1.1 GRUNDEMOTIONEN

Definiert man das Wort Emotion, so kann man sagen, dass sie sich auf etwas konkretes beziehen, temporär erscheinen und nach einer bestimmten Stärke aus entfaltet werde.[4]

Das Modell von Putchik in Abbildung 1 zeigt die Grundemotionen, die im menschlichen Körper existieren.

Aufstellung von Plutchik

Anmerkung der Redaktion: Diese Abbildung wurde aus urheberrechtlichen Gründen entfernt.

Abbildung 1: Aufstellung von Putchik

---

[4] Vgl. Schneider (2013), S. 134.

Zwei Bedeutende Personen der Emotionstheorien waren Plutchik(1958) und Izard (1971). Izard legt zehn Emotionen fest, die jedes Individuum von Geburt an mit sich trägt :

Interesse

Freude/Vergnügent

Überraschung/ Schreck

Kummer/ Schmerz

Zorn/ Wut

Ekel/ Abscheu

Geringschätzung/ Verachtung

Furcht/ Entsetzen

Scham

Schuldgefühl/ Reue[5]

Plutchik hingegen legt acht Basisemotionen fest, dennoch ergänzt er zum Modell von Izard die Emotion Akzeptanz hinzu und gruppiert als gemischte Emotion das Schuldgefühl bzw. die Scham.

Wie in Abbildung 1 bereits aufgezeigt stehen die in hellblau markierten Felder für die primären Emotionen und die dunkelblauen für die daraus resultierenden Emotionen.[6]

Auffällig sind auch hier, dass gegenüberliegenden kontrovers zueinander sind, wie beispielsweise Ärger -Furcht.

Die nebeneinanderliegenden Emotionen zeigen eine gewisse Analogie auf.

---

[5] Vgl.; Käuferverhalten Thomas Foscht,, Seite 45ff.

[6] https://de.wikipedia.org/wiki/Robert_Plutchik

1.2 ZUSAMMENSETZUNG DER EMOTIONEN

Ein grundlegender Faktor der Antriebskraft eines Menschen sind Emotionen. Aus biologischer Sicht enthalten sie ein „zentralnervöses Erregungsmuster".

Emotionen sind innerliche Reize, die „subjektiv" als angenehm oder unangenehm individuell erfasst werden können.[7]

Erst durch die „kognitive" Wahrnehmung werden die Reize registriert und als Emotion wahrgenommen.

Die kognitive Wahrnehmung ist im Gegensatz zur allgemeinen Wahrnehmung wie Sehen, Hören oder Lesen, für die Aufnahme und Verarbeitung von Informationen verantwortlich.[8]

Die Stärke einer Emotion wird auf Grundlage folgender Faktoren gemessen.

„Bewusstsein, Dimension der Erregung, Richtung und die Empfindung. Das sind die Grundpfeiler der Emotion."

Im Detail bestimmt die „Erregung" das Ausmaß des Reizes. Er bestimmt die Intensität der Emotion. Die Empfindungsrichtung ist eine kognitive Wahrnehmung und wird so angenommen, wie das Gehirn den Reiz bzw. den Informationsaustausch annimmt. Die Erlebnisqualität wird mit einem persönlichen Erlebnis oder Ereignis assoziiert und kann sowohl positiv als auch negativ aufgenommen werden.

---

[7]https://books.google.de/books?id=LsZKmTvp5xcC&pg=PA44&lpg=PA44&dq=emotionen+im+k%C3
%A4uferverhalte&source=bl&ots=8xib70kq9f&sig=ACfU3U0twbXB3LCXLIU5QN4gtRqJ6wvfkQ&hl=de
&sa=X&ved=2ahUKEwi_9_D5063jAhXGaIAKHT75DbsQ6AEwAHoECAkQAQ#v=onepage&q&f=false,
(Vgl.)

[8] https://de.ryte.com/wiki/Kognitive_Wahrnehmung(Vgl.)

2. EINFLUSS DER EMOTIONEN AUF DAS KÄUFERVERHALTEN

„Emotionen sind das trojanische Pferd, um Menschen kognitiv zu erreichen."
(Kroebel -Riel)[9]

So beschreibt Kroebel Riegel wie Emotionen das Kaufverhalten beeinflussen und bestärken können. Wie das in den einzelnen Fällen im Marketingprozess geschieht, wird in diesem Abschnitt genauer erläutert.

2.1 EMOTIONEN IM KONSUMENTENVERHALTEN

Emotionen können bereits im Voraus für eine Bindung zum Produkt aufbauen. In der Werbung können durch die Stimme, Animationen, Mimikern und Gestiken der Akteure bestimmte Reize stimuliert werden.[10]

Des Weiteren können in Kaufhaussituationen durch Faktoren wie Beleuchtung, Kontraste der Farben, begleitende Musik, sowie die Kollage emotionale Verhaltensstrukturen gereizt werden.[11]

In der nachfolgenden Abbildung 2 ist eine graphische Darstellung des Prozesses „emotionsauslösende Stimuli bis zur emotionalen Reaktion aufgezeigt."

---

[9] Kroeb- Riel /Weinberg 2003,S.106

[10] https://www.springerprofessional.de/werbewirkungsforschung/konsumforschung/staerkere-werbewirkung-durch-emotionale-botschaften/12451504

[11] vgl. Bosch/Schiel/Winder 2006, S. 78 ff.

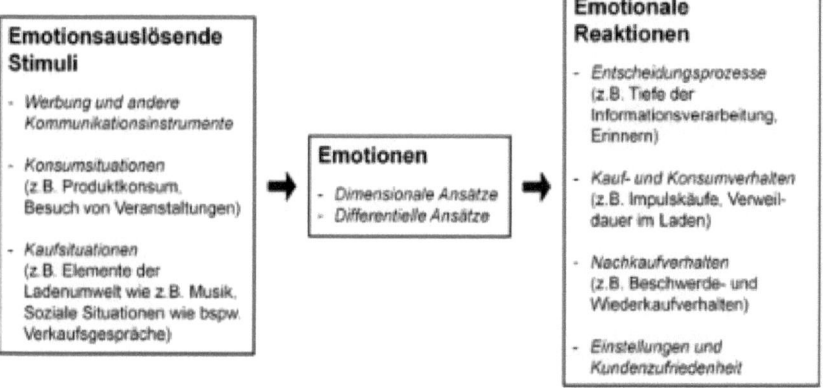

Abbildung 2

Man unterscheidet zwei Arten von Käuferverhalten. Den utilaristischen Konsumenten und den hedonistischen Konsumenten. Der utilaristische Konsument legt Wert auf den Gebrauch und die Nutzung sowie die Produktinformation. Der hedonistische Konsument präferiert den optisch ästhetischen, sowie emotionalen Bezug des Erlebnisses mit diesem Produkt.[12]

Als Beispiel hierfür passt die Colgate Werbung. Die Schauspielerin beißt genussvoll in einen Apfel rein und hat dabei starke, weiße Zähne. Die Werbung wird mit einem Slogan „Damit Sie auch morgen noch kraftvoll zubeißen können" abgerundet.

Das Verlangen der meisten Menschen ist es das ganze Leben, jung, fit und schön auszusehen. Dieses Beispiel erzeugt Vertrauen und Zufriedenheit auf den Kunden aus.[13][14]

Ein Konsumgut kann ebenso auch durch Düfte emotionale Bindungen oder Erlebnisse hervorrufen. Des Weiteren zählen „taktile und visuelle Eindrücke" sowie „multisensorische" Bilder zu den Faktoren, die die Emotionen beeinflussen können.[15]

---

[12] https://d-nb.info/1012523802/34

[13] https://www.youtube.com/watch?v=FdYdVVya3S8

[14] vgl. Hirschman/Holbrook 1982, S. 96

9

In Bezug auf Punkt 1. Einleitung, mit dem Beispiel der Shakes zum Abnehmen, welche insbesondere für Frauen interessant wirkt, stellt sich heraus, dass selbst eine Konsistenz oder Qualität eines Produktes, die durch die positive Resonanz nach Einnahme des Konsumgutes, hervorgerufen werden kann.

Im Marketing spricht man hierbei von einer Selbstdarstellung. Das Produkt hat eine wichtige Rolle, da es dem Konsumenten ermöglicht seinem Ziel, Anerkennung innerhalb der Gesellschaft beispielweise, zu ergattern, näher zu kommen. Hierbei ist die emotionale Bindung zwischen dem Konsumgut und dem Verbraucher sehr hoch.[16][17]

2.1.1 EFFEKTE DIE KAUFENTSCHEIDUNG ZU BEEINFLUSSEN

„Um erfolgreich zu sein, sollten sich Händler auf ausgewählte Kaufmotive spezialisieren und diese besser als die Konkurrenz bearbeiten " [Rudolph, Wagner, Sohl, 2009, S. 39]

In Bezug dessen ein kleines Beispiel. Die Forscher Turley und Miliman haben im Jahre 2000 einen Artikel über Kundenemotionen mit vier verschiedenen Beispielen aufgezeigt. Sie haben mit den grundlegenden Faktoren wie Farbe des Gebäudes, Parkmöglichkeiten, Musik, etc. versucht den Kunden zum Kauf zu animieren. Des Weiteren haben sie bewusst probiert die Stimmung der Verkäufer, sowohl positiv, als auch negativ zu beeinflussen, in dem sie verschiedene Regale, Plakate mit unterschiedlichen Motiven und Produktverpackungen angeboten haben. Die Kaufkraft war unterschiedlich. Die positiv gestimmten kauften mehr als die negativ gestimmten. Welche Effekte, die Kaufentscheidung stimulieren, soll in den folgenden Abschnitten näher in Betracht gezogen werden.[18]

---

[15] vgl. Hirschman/Holbrook 1982, S. 92 f

[16] vgl. Holbrook, Gardner 1993, S. 123-142; Hoyer/MacInnis 1997, S. 229

[17] vgl. Holman 1986, S. 122 ff

[18] https://www.marketinginstitut.biz/blog/einkaufslust-oder-einkaufsfrust-emotionen-kundenlauf-und-kaufverhalten/

Es gibt Tricks, die im Marketingprozess gerne verwendet werden und auch positive Resonanzen seitens der Verkäufer oder der Hersteller hervorbringen und sich als gewinnbringend herausgestellt haben. In jedem Lebensbereich erzeugt Sympathie eine Vertrauensbasis des Gegenübers. Den sogenannten „Sympathie-Effekt". Der Konsument lässt sich durch schmeichelnde Werte und Ehrlichkeit seitens des Verkäufers zum Kauf animieren.

Ein weiterer Effekt ist der „Halo-Effekt". Es gibt Marken bzw. Siegel, die durch Medien oder allgemein in der Gesellschaft bekannt sind wie beispielsweise „Bio", "vegan" oder auch "frei von Süßstoffen". Der Konsument verbindet Sie mit Gesundheit und Umweltfreundlichkeit. Er verbindet alle Produkte mit diesem Siegeln von vornherein für gesund ohne sich vorher darüber informieren, ob es tatsächlich so ist.

Emotionen können auch die monetäre Ausgabebereitschaft beeinflussen.

Kauft man beispielsweise sonst immer eine Cola für 1 Euro im Supermarkt und findet Sie während einer Reise in der Tankstelle für 3 Euro vor, würde es den Käufer nicht davon abhalten, diese zu kaufen. Der Trick dahinter ist, dass andere Getränke daneben teuerer sind wie beispielsweise Red Bull für 5 Euro. Er möchte das günstigere Getränk kaufen, obwohl er sonst viel weniger für dasselbe Produkt ausgeben würde. Das gleich gilt für Online Shopping. Kauft man ein Produkt für 500 Euro wie beispielsweise einen Schrank, so kommen einem die Versandkosten mit 60 Euro nicht mehr viel vor. Diesen Effekt bezeichnet man als Relativitätseffekt.

Letzteres ist das Knappheitseffekt. Sätze wie „nur für kurze Zeit" oder „limitierte Auflage" versetzen den Verbraucher unter Druck und regt sie zum Kaufen von Objekten an, ohne vorher das Preis Leistungs-Verhältnis zu prüfen.[19]

---

[19] https://www.business-wissen.de/artikel/verkaeufertricks-wie-emotionen-die-kaufentscheidung-beeinflussen/

2.2 Wie positive und negative Emotionen die Kaufentscheidung beeinflussen

Professor Dr. Michael Bernecker, Marketingunternehmer und Geschäftsführer des Deutschen Instituts für Marketing, veröffentlichte einen Bericht über einen jungen Mann, der aufgrund einer Erkrankung, keine Emotionen mehr verspüren konnte.

Grund war eine Tumorerkrankung. Er konnte keine Entscheidung treffen, wenn er etwas kaufen wollte, weil seine Emotionen nicht vorhanden waren und somit keinen Einfluss nehmen konnten.[20]

Ist der Kunde nicht gut gelaunt, geht er kritischer mit den Produkten um. Er achtet intensiver auf Details und liest sich Aufschriften der Verpackung intensiv durch.

Er möchte Herr seiner Entscheidung sein, sich nicht beeinflussen lassen und recherchiert aufgrund dessen viele Informationen zum Produkt. Insgesamt wird sein Konsumverhalten im Großen und Ganzen nicht positiv sein und er wird sich

nicht zum Kaufrausch beeinflussen lassen. [21]

Professor Dr. Bernecker berichtet des Weiteren von einem Team mit Wissenschaftlern aus Amerika (2007), die Probanden beobachtet haben, welche unter Einfluss von Freude und andere unter dem Gefühl der Trauer Lebensmittel kaufen sollten.

Die Untersuchung zeigt, dass Probanden, die mit Trauer zu kämpfen hatten, zu Lebensmittel griffen, die Ihnen Trost schenken, wie etwa Schokolade. Auf die Kalorienangaben wurde kein Wert mehr gelegt.

Probanden, die glücklich waren, griffen zu gesunden Alternativen. Beiden war die Beeinflussung der Emotionen in dem Ausmaß nicht bewusst.[22]

---

[20] https://www.marketinginstitut.biz/blog/einkaufslust-oder-einkaufsfrust-emotionen-kundenlauf-und-kaufverhalten/ (Vgl.)

[21] https://www.marketinginstitut.biz/blog/einkaufslust-oder-einkaufsfrust-emotionen-kundenlauf-und-kaufverhalten/ (Vgl)

Im Hinblick darauf zeichnet sich des weiteren hervor, dass Menschen, die positive Emotionen erleben, kaufkräftiger sind. Die amerikanischen Wissenschaftler Donovan und Rossiter (1982) erforschten den Einfluss positiv gestimmter Emotionen. Sie stellten fest, dass diese Art von Konsumenten offener dem Verkäufer gegenüber sind. Sie lassen sich gerne beraten und geben tatsächlich auch mehr Geld aus.

„Positive Emotionen führen demnach zu mehr Impulskäufen, zu höheren Preisbereitschaften (…)"[23]

Des Weiteren wird der Kauf von Produkten besonders gestärkt, die einen starken Wert in der Gesellschaft haben wie beispielsweise der Kauf eines Autos oder der Kauf von Markensachen. [24] Hier steht wieder das Thema Selbstdarstellung im Vordergrund, dass bereits in Abschnitt 2.1 näher erläutert wurde.[25]

---

[22] https://www.marketinginstitut.biz/blog/einkaufslust-oder-einkaufsfrust-emotionen-kundenlauf-und-kaufverhalten/ (Vgl.)

[23] Vgl. Ilmenauer Schriften zur Betriebswirtschaftslehre 5/2007.Emotionale Konsumentenentscheidungen: Worin Frauen und Männer sich unterscheiden. (Kerstin Pezoldt, Imke Kerl.S.6 ff.)

[24] https://www.marketinginstitut.biz/blog/einkaufslust-oder-einkaufsfrust-emotionen-kundenlauf-und-kaufverhalten/ (Vgl.)

[25] vgl. Holbrook, Gardner 1993, S. 123-142; Hoyer/MacInnis 1997, S. 229

2.2.1 KAUFENTSCHEIDUNGSMODELLE

Man unterscheidet zwischen verschiedenen Typen von Konsumenten, die aufgrund unterschiedlicher Faktoren bzw. Emotionen diverse Kaufentscheidungen treffen.

Es gibt folgende Kaufentscheidungsmodelle:

Extensive (affektive und kognitive Komponente)

Limitierte (kognitive Komponente)

Habitualisierte (reaktive Komponente)

Impulsive (affektive und reaktive Komponente) (..)"[26]

Nun zu den ausführlichen Erläuterungen der einzelnen Modelle. Die extensive, auch bekannt als die „echte" Kaufentscheidung, tritt in Kraft, wenn die Investition länger und genau durchdacht werden muss wie beispielsweise der Kauf eines Autos oder einer Immobilie. Er informiert sich über mehrere Informationsquellen und ist bereit, fachspezifisch an diesem Produkt beraten zu werden. Der Preis ist hierbei nicht ausschlaggebend bei der Entscheidung.[27]

„Unterschiede oder besondere Merkmale zu anderen Anbietern/Herstellern /Dienstleistern werden besonders herausgehoben und zum Markenzeichen gemacht(..)"[28] Geht der Konsument hierbei einem bestimmten Hobby nach, wie beispielsweise dem Golfen, so ist er bereit mehr zu investieren, auch wenn das das Preis-Leistungs-Verhältnis nicht stimmen würde. (Vgl.)[29]

Man spricht von limitierter Kaufentscheidung, wenn der Käufer bereits Erfahrung mit dem Produkt gemacht hat. Er steckt so viel Vertrauen in das Produkt oder die Marke,

---

[26] Zitat vgl. Howard, 1977

[27] https://www.excentos.com/de/glossar/kaufentscheidung-kaufentscheidungsarten

28 https://www.onpulson.de/lexikon/differenzierungsgrad

29 https://www.onpulson.de/lexikon/differenzierungsgrad

dass er für die Kaufentscheidung zu wenig Zeit investiert, um sich umfangreich zu informieren. Des Weiteren werden auch nicht viele Alternativen in Betracht gezogen,

Diese „Leichtsinnigkeit" nutzen gerne Onlineshop-Betreiber aus.

Sie stellen die Suchmaschinen so ein, dass auch Produkte nach der Suche erscheinen, die man nicht explizit bei der Suche eingegeben hat. Auch kurz vor Abschluss eines Einkaufes, wie beispielsweise bei Amazon, werden unten in der Leisten angegeben: „andere Käufer kauften xy". (Vgl.)[30]

Zusammenfassend kann man sagen, der Käufer orientiert sich an sogenannte „Schlüsselinformationen" wie die Qualität, das Material und das Preis-Leistungs-Verhältnis. Er nutzt wenig „Informationsquellen" und lässt sich vom Hype bestimmter Marken beeinflussen. Der Konsument unterliegt bei der Art von Einkauf stark seinen Emotionen. Charakteristisch ist, dass diese Art von Käufen wiederholt bei „hochpreisigen Gütern" wiedergefunden werden.[31]

Wiederholungskäufe oder Produkte, die aus Gewohnheit gekauft werden, bezeichnet man zusammenfassend als „habituelles" Kaufverhalten. Wie das lateinische Wort „habitus" (=Gewohnheit)[32] bereits definiert.

Dieses Verhalten ist besonders beim Kauf von sogenannten „Basis-Lebensmittel-Käufen" üblich. Habituelles Kaufverhalten zeichnet sich durch Käufe mit geringen Risiken aus. Der Konsument kauft diese Produkte schon sehr lange und muss von keiner zusätzlichen fachlichen Beratung Gebrauch machen. Die sogenannte „kognitive" Selbstkontrolle wie es bei der extensiven Kaufentscheidung war, fällt hier weg. Der Kaufentscheidungsprozess ist hier sehr schnell und kurz. Da diese Produkte grundlegende Produkte wie beispielsweise Nudeln, Brot etc. sind und keine große Investition erfolgen muss. (Vgl.) [33]

---

[30] https://www.talkwalker.com/de/blog/amazon-marketing-strategie

[31] https://www.excentos.com/de/glossar/kaufentscheidung-kaufentscheidungsarten

[32]https://www.google.com/search?q=gewohnheit+auf+lateinisch&rlz=1C1CHBD_deDE790DE791&oq=gewohnheit+auf+lateinisch&aqs=chrome..69i57j0.9327j1j4&sourceid=chrome&ie=UTF-8

[33] https://www.excentos.com/de/glossar/kaufentscheidung-kaufentscheidungsarten+

In Anlehnung an den habituellen Käufen, ist interessant zu betrachten, wie Spontankäufe keineswegs mit Gewohnheit zu tun haben aber dennoch ein größeres Konsumverhalten bewirken. Das besondere hierbei ist, dass sie meistens an sogenannte „Point of Sale" getroffen werden.[34]

Der Point of Sale bedeutet nichts anderes als die Schnittstelle zwischen dem Unternehmen und dem Kunden. Das kann ein Laden, eine Tankstelle, gar ein Online-Shop wie beispielsweise Ebay oder Amazon oder eine Nische in einem Textilgeschäft sein.[35]

Sie spielt eine bedeutende Rolle in der Marketingszene.

Bei dieser Art von Kaufentscheidung, unterliegt der Konsument einer Beeinflussung der Emotionen. Wie in Abschnitt 2.2 bereits beschrieben, stimmen positive Emotionen und daraus folgend ein positives Konsumverhalten zu einer größeren Kaufkraft.

In Abstimmung auf bestimmte Zielgruppen werden bestimmte „Marketingstrategien" unternommen, um es dem Konsumenten attraktiver zu gestalten. Entsprechende Werbeplakate, Beleuchtungen oder die Gestaltung des Ladens machen den Kunden aufmerksam. Besonders Kinder sind ein beliebtes Ziel. Sie sind schneller zu begeistern, sobald das Lieblingsmaskottchen aufgestellt ist oder Motive auf täglichen Geschirr etc bedruckt sind. Auch Erwachsene Konsumenten werden beeinflusst, in dem man diese Point of Sales neben die Kasse stellt, um die Wartezeit spannender zu machen oder Verkostungsproben von neuen Lebensmitteln anzubieten, die tatsächlich zum Kauf animieren.

Eine Aktuelle Studie der GFK besagt: „Vorhergehende empirische Untersuchungen belegen zum Beispiel, dass die Wahrscheinlichkeit eines Kaufs einer durch Degustation umworbenen Ware bei 50% liegt. Das heißt, dass jeder zweite Verbraucher, der das Produkt spontan probiert, auch tatsächlich kauft." (..)[36]

---

[34] http://www.adsolution.net/newsblog/gfk-kaufentscheidungen-pos/

[35] https://www.gruenderszene.de/lexikon/begriffe/point-of-sale-pos?interstitial

[36] http://www.adsolution.net/newsblog/gfk-kaufentscheidungen-pos/ (Zitat letzter Abschnitt)

Degustation bedeutet in diesem Zusammenhang Verkostung.[37]

Auch wenn Spontankäufe der Kategorie ungeplante Einkäufe untergeordnet sind, so gibt es auch bei dieser Kategorie charakteristische Unterschiede, wie beispielsweise der dazugehörenden impulsiven Kaufentscheidung.

Hierbei spielt die Emotion eine sehr starke Rolle. Der Käufer wird über verschiedene Reize wie beispielsweise das Platzieren der Süßigkeiten im Kassenbereich konfrontiert. Der Käufer wählt dieses Produkt nur aufgrund der Lust aus, ohne darüber nachzudenken. Hierbei ist die kognitive Kontrolle über die Kaufsituation sehr gering. Ähnlich wie beim Spontankauf, können Werbebilder etc. das Konsumverhalten bestärken.[38]

Des Weiteren ist das folgende Beispiel charakteristisch für einen Impulskauf. Meistens erkennt der Käufer im Laden, dass er noch etwas benötigt.

Youn und Faber beschreiben, dass dem Käufer im Laden auffällt, dass er noch Socken benötigt und während er nach diesen sucht, fallen ihm beim Vorbeigehen an einem Regal Rentiere auf, die zu Vorweihnachten passen würden und werden deshalb gekauft.[39]

Die abschließend zu betrachtende Kaufentscheidung, ist die situative Kaufentscheidung. Diese ist von bestimmten Anlässen, wie beispielsweise Geburtstagen, Hochzeiten etc abhängig.[40]

Quelle: GfK, Studie STORE EFFECTS, www.gfk.de

[37] https://de.wikipedia.org/wiki/Verkostung

[38] Kroeber-Riel, Weinberg 2003 S. 412

[39] Youn, S. and Faber, R.J. (2000) Impulse Buying: Its Relation to Personality Traits and Cues. Advances in Consumer Research, 27, 179-185.

[40] https://www.excentos.com/de/glossar/kaufentscheidung-kaufentscheidungsarten

2.2.1.1 FAST MOVING CONSUMER GOOD (FMCG)

In Bezug auf Abschnitt 2.2.1 Impulskäufe und Habituelle Käufe sind die FMCG Güter, ausgeschrieben Fast Moving Consumer Good, zu erwähnen. Das sind Produkte, die genau wie bei habituellen Produkten oft gekauft und täglich verwendet werden. Hierzu gehören Lebensmittel, sowie Pflegeprodukte für den Körper. Diese Art von Kaufentscheidung bedarf keiner kognitiven Entscheidung, da die Produkte aus Gewohnheit gekauft werden. Die Besonderheit dieser Produkte ist die niedrige Gewinnspanne. Sie sind das Kontraprodukt zu Luxusgütern.[41]

2.2.1.2 WAS SIND DIE EINFLUSSFAKTOREN EINES KAUFVERHALTENS?

Kaufverhalten eines jeden Menschen sind verschieden und sind von verschiedenen situativen, kulturellen, sozialen, psychologischen und sozialen Faktoren abhängig.[42]

Diese Faktoren werden auch externe Faktoren genannt. Ziel ist es, dass der Konsument, den Reiz verspürt das Produkt näher kennenlernen zu wollen und mehr Informationen zu erhalten. Sie beinhalten die sogenannten Marketingstimulus, wie beispielsweise die Verpackung des Produktes, der Preis oder auch die Werbung in Form von Plakaten oder durch Medien. Wenn diese externen Faktoren stimuliert werden, kommt es zu internen Stimuli; die Emotionen.

Nun werden die „externen Faktoren" anhand von Beispielen näher erläutert:

Situative Faktoren: Dazu zählt die (...) „Stimmung des Käufers, das Wetter, sowie der Zweck des Kaufes." (Vgl.)[43]

Kulturelle Faktoren: welchen Migrationshintergrund hat der Kunde, welcher sozialen Schicht gehört er an.

Soziale Faktoren: „Bildung, Familie Status (...)"[44]

---

[41] https://www.handel-erklaert.de/glossar/f/fast-moving-consumer-goods-fmcg

[42] https://onma.de/online-marketing-lexikon/einflussfaktoren-des-kaufverhaltens/

[43] https://onma.de/online-marketing-lexikon/einflussfaktoren-des-kaufverhaltens/

Persönliche Faktoren wie „Alter, Beruf, Persönlichkeit (..) und Psychologische Faktoren wie Meinungen und Einstellungen, sowie die Wahrnehmung (..) (Vgl.)[45]

2.3 NACHKAUFPHASE

Im 5 Phasen Modell der Kaufentscheidungen ist die wichtigste und entscheidendste die Nachkaufphase. Der Verkäufer war erfolgreich, wenn er den Kunden als Wiederkäufer gewinnen konnte (Zufriedenheitsforschung). Das Ziel soll die Festigung an die Marke oder das Geschäft sein (Marken –und Geschäftsloyalität). (Vgl.)[46]

Nachdem sich der Kunde entschieden hat, befindet er sich oft in einem Stand an dem er den Drang nach mehr Information hatte und den Austausch über das Produkt benötigt.[47]

Hierbei sind wichtige Faktoren, die als „Nachkaufinstrumente betitelt werden, zu beachten. Dazu gehört eine gute Servicepolitik. Hierbei ist es wichtig eine Vertrauensebene zum Kunden aufzubauen und ihn emotional positiv zu stimmen. Der Kunde weiß hierbei, dass er Fachleute in Anspruch nehmen kann, wenn etwas nicht mit dem Produkt oder der Lieferung stimmt. Ein weiterer Faktor den Kunden zu binden und zu weiteren Einkäufen zu animieren, ist eine gute Gebrauchsanweisung.

Je simpler die Anleitung, desto zufriedener der Kunde. Ein gutes Beispiel hierzu ist Ikea. Die Möbelstücke sind für Frauen und Männer technisch gesehen einfach und ohne viel Aufwand umsetzbar.

In der Kommunikationspolitik bietet der Verkäufer an, Beschwerden einzureichen und gewährt dem Kunden das Gehör. Der Kunde fühlt sich bei einer Verbesserung einer eingereichten Kritik als Individuum wahrgenommen. Hierbei steht das Vertrauensverhältnis ganz weit oben. Auch die Produktpolitik hat einen hohen

---

[44] https://onma.de/online-marketing-lexikon/einflussfaktoren-des-kaufverhaltens/

[45] https://onma.de/online-marketing-lexikon/einflussfaktoren-des-kaufverhaltens/

[46] http://www.groissberger.at/kaufprozess/nachkaufphase/

[47] http://www.wirtschaftslexikon24.com/d/nachkaufmarketing/nachkaufmarketing.htm

Stellenwert. Dem Kunden müssen freiwillige Nachkaufleistungen wie Garantie und Kulanz gewährleistet werden. Das Produkt sollte eine lange Lebensdauer aufweisen, sodass Kundenzufriedenheit herrschen kann und der Kunde weiß, dass sich eine hohe Investition bewährt hat.[48]

Im Großen und Ganzen betrachtet können bei Beachtung dieser Faktoren eine langfristige Beziehung aufgebaut werden. Darauf basierend entstehen customer to customer references, das wir im Deutschen als Mundpropaganda bezeichnen. Nichts ist überzeugender als von einem Kollegen, Familienmitglied etc., auf ein Produkt aufmerksam gemacht zu werden. Viele Firmen belohnen Kunden, die andere Kunden werben mit Prämien, um die Attraktivität dieser Tätigkeit zu steigern.[49]

Der Mitarbeiter ist also das wichtigste Sprachrohr in diesem Zusammenhang.

Um das Vertrauen des Mitarbeiters zu gewinnen und ihn emotional positiv zu stimmen, ist es wichtig stets freundlich zu sein. Blickkontakt, so wie Höflichkeit spielt eine wichtige Rolle.[50] Des Weiteren ist es wichtig, wie bereits oben genannt, dem Kunden das Gefühl zu geben, dass sein Anliegen wichtig ist und man ihm zuhört. Einfühlungsvermögen ist ein wichtiger Punkt. Der Verkäufer sollte die Kundenbedürfnisse erkennen und individuell auf seine Wünsche eingehen können. Fachtechnisch sollte er sich mit dem Produkt auskennen und vielseitige Informationen vermitteln. [51]

---

[48] http://www.groissberger.at/kaufprozess/nachkaufphase/

[49] Literatur: Hansen, U.; Schoenbeit, Chancen eines aktiven Beschwerdemanagements angesichts eines neuen Verbraucherbewusstseins, Teil 1, in: Bulletin des Direktvertriebs (1986), Nr. 1, S. 22-31.

[50] https://www.business-wissen.de/hb/kundenaktivierung-in-der-nachkaufphase/

[51] Literatur: Hansen, U.; Schoenbeit, Chancen eines aktiven Beschwerdemanagements angesichts eines neuen Verbraucherbewusstseins, Teil 1, in: Bulletin des Direktvertriebs (1986), Nr. 1, S. 22-31.

Wie bereits im einleitenden Teil dieser Arbeit, wurde das Themenfeld Social Media erwähnt. Zu den bekanntesten Social Media Produkten gehören zum Beispiel Facebook und Instagram.

In Hinsicht auf die Promotion bieten diese Plattformen potenziellen Konsumenten die Möglichkeit, die Benefits eines jeden Produktes vorab kennenzulernen. Meistens geschieht das über Live -Aufnahmen oder Beiträge auf Instagram, die zusätzlich über ein „Like Button" unterstützt werden können. Sogenannte Fan-Seiten ermöglichen jedem Menschen die Möglichkeit, unabhängig davon, ob sie den Seiten aktiv folgen oder nicht, Einblicke in die „Markeninhalte" zu verschaffen. Der Konsument kann anhand von der Anzahl der Likes, den Beliebtheitsgrad dieses Produktes erkennen und sich womöglich leiten lassen. Die Empfehlung von Gleichgesinnten, Freunden oder Bekannten Personen kann vertrauenswürdig und unabhängig wirken.

Als Zusatzinfo für Laien, die Instagram und Co nicht kennen, ist es wichtig zu wissen, dass diese sogenannten Accounts und Fanpages über verschiedene Ads (=Werbungen) oder „offline" Kampagnen verbunden werden können.[52]

Die Kampagnen nutzen auch gerne „Influencer". Die Marketing Strategie wird als Influencer-Marketing bezeichnet. Gezielt werden die beliebtesten Influencer ausgewählt, die sich anhand ihres Contents schon genug Reichweite aufgebaut haben und somit die Macht haben, alles was sie in Ihrem Account vorstellen, gut verkaufen zu können.[53] Meistens sind das gutaussehende, schlanke Mädels Mitte 20, die sich Repräsentativ zur Verfügung stellen, „Shakes" von „Shapeworld" zu vermarkten oder Natural Mojo Produkte, die für schönere Nägel und Haut sorgen. Der Konsument dieser Altersgruppe nimmt diese meistens als Idol und hat Vertrauen

---

[52] http://www.vahlen.de/fachbuch/leseprobe/Bauer-Social-Media-Brand-Community-Marketing-9783800642021_2401201306153834_lp.pdf

[53] https://de.wikipedia.org/wiki/Influencer

in den Produkten, die die Influencerinnen[54] vorstellt und kauft sie, weil es ihm bei seiner Selbstdarstellung in der Gesellschaft hilft.[55]

3. FAZIT

Im Großen und Ganzen kann man bezüglich der Frage in der Einleitung sagen, dass Emotionen das Kaufverhalten beeinflussen. Es gibt viele Basisemotionen wie zum Beispiel das Vertrauen, das unter anderen Schlüsselfaktoren für eine positive Kaufentscheidung sorgt und jeder Verkäufer dessen mächtig sein muss, um das Konsumverhalten zu stärken.[56]

Die Stärke einer Emotion ist von verschiedenen Faktoren abhängig. Wie etwa dem Bewusstsein über etwas, der Dimension der Erregung oder auch der Richtung und Empfindung für ein bestimmtes Produkt oder Objekt. Des Weiteren können Emotionen auch über unsere Sinnesorgane ausgelöst werden. Dazu gehört beispielweiser ein schöner oder schlechter Duft, den wir mit etwas in Verbindung bringen. Genauso gehören Bilder, Plakate, etc. dazu, die uns dazu bringen, sie mit etwas was wir kennen in Verbindung zu setzen, wie zum Beispiel ein Fußballschuh, den einer unserer Lieblingsfußballer trägt.[57]

Emotionen können sich aber auch durch verschiedene Konsumentencharakteristika bemerkbar machen. Zum einen gibt es den utilitaristischen Konsumenten, der nur Wert auf den Gebrauch und die Nutzung macht und den hedonistischen Konsumenten, der sich von der Optik beeinflussen lässt. Weiteres können positive und negative Emotionen das Konsumverhalten bestärken oder schwächen.[58]

---

[54] Influencer= „Als Influencer werden Personen bezeichnet, die aufgrund ihrer starken Präsenz und ihres hohen Ansehens in sozialen Netzwerken als Träger für Werbung und Vermarktung in Frage kommen (sogenanntes Influencer-Marketing)".(Wikipedia Zitat, erster Abschnitt)

[55] https://link.springer.com/chapter/10.1007/978-3-658-01248-9_4

[56] Vgl. Schneider (2013), S. 134

[57] vgl. Bosch/Schiel/Winder 2006, S. 78 ff

[58] vgl. Holbrook, Gardner 1993, S. 123-142; Hoyer/MacInnis 1997, S. 229

Gerade in der heutigen Gesellschaft, die sehr erfolgsorientiert geprägt ist und die Oberflächlichkeit einen größeren Stellenwert einnimmt, ist das Thema Selbstdarstellung ein wichtiger Aspekt. Bezüglich der Einleitung in Abschnitt 1 ist das Thema Social Media mit all seinen Funktionen vor allem im Marketing und Vertrieb ein wichtiger Punkt. Wie bereits erwähnt, zeigen schlanke Frauen wie sie irgendwelche namhafte Shakes zu sich nehmen und zu ihrer Traumfigur gelangen. Der Konsument lässt sich davon leiten, da er greifbare Bilder sieht und dem Standard der Gesellschaft entsprechen möchte.[59]

Wenn man sich den Emotionalen Kaufentscheidungen widersetzen möchte, muss man sich vom Gesellschaftsbild abwenden. Man sollte nicht in Produkte zur besseren Selbstdarstellung in der Gesellschaft investieren, sondern sich darüber bewusst werden, wieso man investieren will und ob man dieses Produkt wirklich benötigt. Dazu gehört, dass man sich ausreichend über ein Produkt informiert und Vergleiche anstellt.

Ganz abstellen lässt sich das leider nicht, da in jedem Laden, ob Online oder vor Ort, emotionale Fallen versteckt sind.[60]

---

[59] Eigene Meinung

[60] Eigene Meinung

4. QUELLEN

Vgl. Ahlert (2007), S. 1 f., zitiert nach Rutenberg (2004), S.22 und Becker (2001) S. 14 f.

https://de.wikipedia.org/wiki/Emotion

Vgl. Foscht/Swoboda/Schramm-Klein (2015), S. 37

Vgl. Schneider (2013), S. 134.

Vgl.; Käuferverhalten Thomas Foscht,, Seite 45ff.

https://de.wikipedia.org/wiki/Robert_Plutchik

https://books.google.de/books?id=LsZKmTvp5xcC&pg=PA44&lpg=PA44&dq=emotionen+im+k%C3%A4uferverhalte&source=bl&ots=8xib70kq9f&sig=ACfU3U0twbXB3LCXLIU5QN4gtRqJ6wvfkQ&hl=de&sa=X&ved=2ahUKEwi_9_D5063jAhXGalAKHT75DbsQ6AEwAHoECAkQAQ#v=onepage&q&f=false, (Vgl.)

https://de.ryte.com/wiki/Kognitive_Wahrnehmung(Vgl.)

Kroeb- Riel /Weinberg 2003,S.106

https://www.springerprofessional.de/werbewirkungsforschung/konsumforschung/staerkere-werbewirkung-durch-emotionale-botschaften/12451504

vgl. Bosch/Schiel/Winder 2006, S. 78 ff.

https://d-nb.info/1012523802/34

https://www.youtube.com/watch?v=FdYdVVya3S8

vgl. Hirschman/Holbrook 1982, S. 96

vgl. Hirschman/Holbrook 1982, S. 92 f

vgl. Holbrook, Gardner 1993, S. 123-142; Hoyer/MacInnis 1997, S. 229

vgl. Holman 1986, S. 122 ff

https://www.marketinginstitut.biz/blog/einkaufslust-oder-einkaufsfrust-emotionen-kundenlauf-und-kaufverhalten/

https://www.business-wissen.de/artikel/verkaeufertricks-wie-emotionen-die-kaufentscheidung-beeinflussen/

https://www.marketinginstitut.biz/blog/einkaufslust-oder-einkaufsfrust-emotionen-kundenlauf-und-kaufverhalten/ (Vgl.)

https://www.marketinginstitut.biz/blog/einkaufslust-oder-einkaufsfrust-emotionen-kundenlauf-und-kaufverhalten/ (Vgl)

https://www.marketinginstitut.biz/blog/einkaufslust-oder-einkaufsfrust-emotionen-kundenlauf-und-kaufverhalten/ (Vgl.)

Vgl. Ilmenauer Schriften zur Betriebswirtschaftslehre 5/2007.Emotionale Konsumentenentscheidungen: Worin Frauen und Männer sich unterscheiden. (Kerstin Pezoldt, Imke Kerl.S.6 ff.)

https://www.marketinginstitut.biz/blog/einkaufslust-oder-einkaufsfrust-emotionen-kundenlauf-und-kaufverhalten/ (Vgl.)

vgl. Holbrook, Gardner 1993, S. 123-142; Hoyer/MacInnis 1997, S. 229

Zitat vgl. Howard, 1977

https://www.excentos.com/de/glossar/kaufentscheidung-kaufentscheidungsarten

https://www.onpulson.de/lexikon/differenzierungsgrad

https://www.onpulson.de/lexikon/differenzierungsgrad

https://www.talkwalker.com/de/blog/amazon-marketing-strategie

https://www.excentos.com/de/glossar/kaufentscheidung-kaufentscheidungsarten

https://www.google.com/search?q=gewohnheit+auf+lateinisch&rlz=1C1CHBD_deDE790DE791&oq=gewohnheit+auf+lateinisch&aqs=chrome..69i57j0.9327j1j4&sourceid=chrome&ie=UTF-8

https://www.excentos.com/de/glossar/kaufentscheidung-kaufentscheidungsarten+

http://www.adsolution.net/newsblog/gfk-kaufentscheidungen-pos/

https://www.gruenderszene.de/lexikon/begriffe/point-of-sale-pos?interstitial

http://www.adsolution.net/newsblog/gfk-kaufentscheidungen-pos/ (Zitat letzter Abschnitt)

Quelle: GfK, Studie STORE EFFECTS, www.gfk.de

https://de.wikipedia.org/wiki/Verkostung

Kroeber-Riel, Weinberg 2003 S. 412

Youn, S. and Faber, R.J. (2000) Impulse Buying: Its Relation to Personality Traits and Cues. Advances in Consumer Research, 27, 179-185.

https://www.excentos.com/de/glossar/kaufentscheidung-kaufentscheidungsarten

https://www.handel-erklaert.de/glossar/f/fast-moving-consumer-goods-fmcg

https://onma.de/online-marketing-lexikon/einflussfaktoren-des-kaufverhaltens/

https://onma.de/online-marketing-lexikon/einflussfaktoren-des-kaufverhaltens/

https://onma.de/online-marketing-lexikon/einflussfaktoren-des-kaufverhaltens/

https://onma.de/online-marketing-lexikon/einflussfaktoren-des-kaufverhaltens/

http://www.groissberger.at/kaufprozess/nachkaufphase/

http://www.wirtschaftslexikon24.com/d/nachkaufmarketing/nachkaufmarketing.htm

http://www.groissberger.at/kaufprozess/nachkaufphase/

Literatur: Hansen, U.; Schoenbeit, Chancen eines aktiven Beschwerdemanagements angesichts eines neuen Verbraucherbewusstseins, Teil 1, in: Bulletin des Direktvertriebs (1986), Nr. 1, S. 22-31.

https://www.business-wissen.de/hb/kundenaktivierung-in-der-nachkaufphase/

Literatur: Hansen, U.; Schoenbeit, Chancen eines aktiven Beschwerdemanagements angesichts eines neuen Verbraucherbewusstseins, Teil 1, in: Bulletin des Direktvertriebs (1986), Nr. 1, S. 22-31

http://www.vahlen.de/fachbuch/leseprobe/Bauer-Social-Media-Brand-Community-Marketing-9783800642021_2401201306153834_lp.pdf

https://de.wikipedia.org/wiki/Influencer

Influencer= „Als Influencer werden Personen bezeichnet, die aufgrund ihrer starken Präsenz und ihres hohen Ansehens in sozialen Netzwerken als Träger für Werbung und Vermarktung in Frage kommen (sogenanntes Influencer-Marketing)".(Wikipedia Zitat, erster Abschnitt)

https://link.springer.com/chapter/10.1007/978-3-658-01248-9_4

Vgl. Schneider (2013), S. 134

vgl. Bosch/Schiel/Winder 2006, S. 78 ff

vgl. Holbrook, Gardner 1993, S. 123-142; Hoyer/MacInnis 1997, S. 229

5. ABBILDUNGEN

Abbildung 1 :

https://juergenweimann.com/zeit-fuer-mehr-emotionen-im-management/attachment/1/

Abbildung 2 :

https://www.uni-kassel.de/fb07/fileadmin/datas/fb07/5-
Institute/IBWL/Dahlhoff/AP_17_Der_Impulskauf_final.pdf